WARUM MAN NICHT MEHR »ICH LIEBE DICH« SAGEN SOLLTE

François Jullien im Verlag Turia + Kant

Aus dem Französischen von Erwin Landrichter

China und die Psychoanalyse
Fünf Konzepte
Cinq concepts proposés à la psychanalyse,
Paris 2012, Wien-Berlin 2013, 2020
ISBN 978-3-85132-703-8, 163 S., € 19,-

Vom Intimen
Fern der lärmenden Liebe
De l'intime. Loin du bruyant Amour,
Paris 2013, Wien-Berlin 2014, Reprint-Ausgabe 2019
ISBN 978-3-85132-940-7, 221 S., € 22,-

De-Koinzidenz
Kunst und Existenz
*Dé-coïnicidence,*Paris 2017, Wien-Berlin 2019
ISBN 978-3-85132-934-6, 151 S., € 18,-

Warum man nicht mehr »ich liebe dich« sagen sollte
Gespräche mit Nicolas Truong
Pourquoi il ne faut plus dire »je t'aime«,
La Tour d'Aigues, 2019, Wien-Berlin 2020
ISBN 978-3-85132-984-1, 53 S., € 9,-

Das Un-Erhörte
oder Der andere Name des so langweiligen Realen
L'inouï. Ou l'autre nom de ce si lassant réel,
Paris 2019, in Vorbereitung: Wien-Berlin 2021
ISBN 978-3-85132-985-8, ca. 240 S., € 26,-

FRANÇOIS JULLIEN

Warum man nicht mehr »ich liebe dich« sagen sollte

Ein Dialog mit Nicolas Truong

Aus dem Französischen von
Erwin Landrichter

VERLAG TURIA + KANT
WIEN – BERLIN

Inhalt

Vorwort

François Jullien ist Philosoph, Hellenist und Sinologe. Er ist Inhaber des Lehrstuhls für *Altérité* an der *Fondation Maison des sciences de l'homme*, Paris. Sein bisheriges Werk gehört zu den am meisten übersetzten und kommentierten der zeitgenössischen französischen Philosophen. In einer Pendelbewegung zwischen Europa und China befragt es zunächst die europäische Philosophie im Lichte des chinesischen Denkens. Die Arbeit von François Jullien ist geprägt von dem Bemühen, an den Grundlagen der westlichen Philosophie durch die Konfrontation mit einem Anderswo zu rütteln und deren Denkweise fremd erscheinen zu lassen. Seine vielen Essays betreffen den Abstand, die Abweichung [*écart*]*, das

* Originalbegriffe stehen in eckigen Klammern und

Zwischen, das Intime und das Unerhörte, sie dehnen den Bereich der allgemeinen Philosophie auf jenen der Kunst, der Strategie und der Moral aus. Er hat u. a. veröffentlicht *Fonder la morale, dialogue avec un philosophe des Lumières* (Grasset, 1995; deutsch: *Dialog über die Moral*. Merve, Berlin 2003), *Le Traité de l'efficacité* (Grasset 1997; deutsch: *Vortrag vor Managern über Wirksamkeit und Effizienz in China und im Westen*. Merve, Berlin 2006) und *Nourrir sa vie* (Seuil, 2005, deutsch: *Sein Leben nähren. Abseits vom Glück*. Merve, Berlin 2006). Aber erst mit dem Buch *Les Transformations silencieuses* (Grasset 2009, deutsch: *Die stillen Wandlungen*. Merve, Berlin 2010) hat sich ein zweiter François Jullien durchgesetzt. Ein zweiter, noch politischerer François Jullien (*Il n'y a pas d'identité culturelle, mais nous défendons les ressources d'une*

---

dort kursiv, wenn sie auch in der französischen Ausgabe kursiv stehen (Anm. d. Ü.).

culture, L'Herne, 2016; deutsch: *Es gibt keine kulturelle Identität – wir verteidigen die Ressourcen einer Kultur*, Suhrkamp, Berlin 2018), dessen Denken sowohl ethische als auch existentielle Fragen berührt, wie die zwei eng mit der Thematik dieses Gesprächs verbundenen Essays beweisen: *De L'intime – loin du bruyant amour* (Grasset 2013; deutsch: *Vom Intimen – fern der lärmenden Liebe*, Turia + Kant, Wien/Berlin 2014) und *Une seconde vie* (Grasset, 2017).

Nicolas Truong

Warum man nicht mehr »ich liebe dich« sagen sollte

WARUM MAN NICHT MEHR »ICH LIEBE DICH« SAGEN SOLLTE

Nicolas Truong - Sie sagen, dass das Wort »lieben« selbst Teil einer Art zeitgenössischer Ideologie geworden ist, dass es auf dem großen Markt des Glücks auf dem Feld der Ideen eine Rolle spielt. Warum diese erbitterte und zugleich wohlbegründete Kritik?

François Jullien – Alle Medien rühmen und verkaufen diese zweideutige und so sehr beruhigende Sache wie »die Liebe …«. Aber was bedeutet dieses Zelebrieren, in das wir heute wieder hineingeschlittert sind? Warum brauchen wir das? Wozu dient es als Ausgleich, als Ersatz? Die »Liebe«, wer will sie nicht? Das ärgert niemanden, das spaltet nicht, ermöglicht einen einfach herzustellenden Konsens – aber ist dieser nicht ein wenig faul? Von welcher Ideologie leitet sich dieser »Markt der

Liebe« her, der uns derzeit überschwemmt, ohne uns weiters zu beunruhigen?

Tatsächlich verbergen sich hinter dem Wort »lieben« sehr verschiedene Gebrauchsweisen. Schon im Griechischen haben *Eros* und *Agape* eine verschiedene, wenn nicht sogar gegensätzliche Bedeutung. Aber verdeckt man dieses Unterschiedliche nicht mit einer gekünstelten Übereinstimmung, mit der sich das Denken schützt? Oder fragen wir uns doch einmal, warum wir nicht mehr von der Revolution oder einem politischen Engagement sprechen – sondern von »der Liebe« ... Hat man etwa darauf verzichtet, das, was uns spalten könnte, zu denken, um uns umso leichter in dieser Blase, auf der das Etikett »Liebe« haftet, in harmonische Übereinstimmung zu versetzen?

Nicolas Truong - Ist es nicht gerade die Liebe, die gegen die Verkäufer des Glücks und Propheten des Unglücks, die behaupten, man könne nicht mehr lieben, verteidigt werden sollte? Entspräche dieser »Markt« nicht einer philosophischen Forderung?

François Jullien – In Platons *Gastmahl* wird vielstimmig die Liebe besungen. Es ist einer der stärksten Texte der Philosophie. Selbstverständlich gehört die Liebe zu den Themen der Philosophie und in Platons *Gastmahl* hat sie ihren großartigen Auftritt. Die Liebe wird im Laufe des Gastmahls durch die Stimmen verschiedener Protagonisten abgehandelt: von einem Literaten, der eine kulturelle Vision von ihr hat, von Aristophanes, dem bekannten Autor vieler Komödien, der, komischerweise von einem Schluckauf heimgesucht, das Wort dem nächsten übergibt, dem Arzt Eryximachos, der seine Rede dazu benutzt, Heraklit zu kritisieren usw. Und schließlich Sokrates, der sich, etwas inspirierter, auf einen Ausspruch der Priesterin Diotima bezieht... Nun scheint es mir sehr wesentlich, dass dieser Text aus *voneinander abweichenden Ansichten* [*écarts*] besteht. Er verteidigt nicht nur eine Version von Liebe unter ein und demselben ideologischen Mantel, sondern schlägt verschiedene Ansichten vor, die alle durch die eine oder andere Herangehensweise ein Stück aus dieser ungeheuren Sache des »Liebens« heraushacken, ohne zu versuchen, sie in Übereinstimmung zu bringen. Denn Liebe, sagt Sokrates, ist Ausdruck eines Mangels: Man liebt, was man nicht hat. Das ist die dramatische Version von Liebe, der das europäische Denken im Wesentlichen verhaftet bleibt. Es genügt in der Tat, die Sprache sprechen zu lassen: Man liebt stets *etwas*, es gibt Liebe nur für etwas Fehlendes. Deshalb ist Amor, Eros, der Sohn der Penia, der »Armut«, und des Poros, »der Passage, des Auswegs«. Also selbst in der glücklichen Mythologie der Liebe hat der Gott Amor eine ziemlich zwiespältige Herkunft.

Darüber hinaus eignet sich für Platon die Liebe für den philosophischen Aufstieg hin bis zu Klarheit und Abstraktion: Platon lässt, mit der Stimme des Sokrates, aus der Liebe zu einem schönen Körper die allgemeinere Liebe zu schönen Körpern werden, dann die Liebe zu einer schönen Seele bis hin zur Liebe des Schönen an sich. Es ist der erste Text in Europa, der zum Ausdruck bringt, was »das Absolute« sein könnte: Das *Gastmahl* stellt die Verbindung zwischen dem allgemeinen Thema der Liebe und dem Ideal der Liebe schlechthin – »l'Amour avec un grand A« sagen die Franzosen und meinen damit die wahre Liebe – her. Diesem Absoluten des »Ideals« bleibt Europa verhaftet. Ideal ist übrigens ein durchaus europäisches Wort, das sich, ausgehend vom Griechischen, in allen europäischen Sprachen wiederfindet. Es umreißt auf diese Weise die theoretische Geographie Europas; und man sollte heutzutage daran denken, wenn man die *Ressourcen*, die Europa *ausmachen,* reaktivieren will.

Nicolas Truong - Und warum sollte man von diesem Gedanken, wenn er noch aktuell ist, Abstand nehmen?

François Jullien – Dieser faule Konsens rund um das Verliebtheitsthema stützt sich auf die großartige Konstruktion der platonischen Liebe, allerdings ohne das Niveau, auf das Platon es gehoben hat, zu erreichen.

Man muss daher eine begriffliche Unterscheidung vornehmen. Vor allem zwischen der platonischen Version des Eros, der Liebe zu dem Fehlenden, und der von den Evangelien herrührenden Version der Agapé (»caritas« auf Latein, aus dem »charité«, Barmherzigkeit, geworden ist). Auf der einen Seite haben wir eine Liebe der Eroberung und des Besitzes, auf der anderen, der christlichen, die Liebe der Selbstlosigkeit, in der man sich uneingeschränkt hingibt, in der man sich um des Anderen willen opfert. Im Französischen[*] finden sich beide Bestrebungen unter ein und demselben Term »Liebe«, der demnach äquivok ist. Der aktuelle Diskurs über die Liebe, nur scheinbar konsensual, nützt diese Begriffsverwirrung aus. Wenn man nun den Sinn der Wörter unterscheidet, um Begriffe daraus zu machen, d.h. Denkwerkzeuge, dann kann man genauer darüber nachdenken.

Nicolas Truong - Warum ziehen Sie es vor, vom »Intimen« statt von der Liebe zu sprechen? Machen Sie das, um die umfangreichen Ausarbeitungen rund um die wahre Liebe, die absolute Liebe, die romantische Liebe zu dekonstruieren?

François Jullien – Wenn man von »Liebe« spricht, muss man die schwache und äquivoke Bedeutung von der starken Bedeutung, wie sie bei Platon und in den Evangelien zu finden ist,

---

[*] Wie auch im Deutschen, A. d. Ü.

unterscheiden. Einzig dieser Bedeutungsbezug ist für die existentielle Erfahrung konstitutiv. Und sollte man nicht zunächst das Wort »lieben« in seiner gebräuchlichen Verwendung verstehen? Denn schauen wir einmal, wie der Ausdruck »ich liebe dich« grammatikalisch mit dem »dich« eine Objektergänzung macht. D.h. es macht aus dem »Du« ein Objekt. Das ist nicht neutral.

»Wir sind intim« zu sagen, ist doch etwas ganz anderes, denn da wird »der Andere« als ein Subjekt, wie ich es bin, betrachtet. Ich könnte das Intime der Liebe entgegenstellen. indem ich sage: Das Intime ist das, was in der Liebe nicht schmerzt… Ich musste tatsächlich ein Konzept entwickeln, das sich von diesem äquivoken Verliebtsein absetzt, um genauer zu verstehen, was dabei in unserem Leben zum Vorschein kommt. Ich möchte nur darauf hinweisen, dass das Intime keine griechische Sache ist. Der Term »intim« kommt aus dem Lateinischen »intimus«: Das ist der Superlativ von innen, heißt also »zuinnerst«. Von da ausgehend gibt es zwei Anwendungen, deren Verbindung zu bedenken ist. Denn wir sagen beides: Das ist »meine innerste« Überzeugung, wo von dem Innersten meiner selbst die Rede ist; und wenn wir sagen »wir sind intim«, wo von der Teilung mit dem Anderen die Rede ist. Das Intime bezeichnet zugleich die tiefste Innerlichkeit des Subjekts und das Unergründliche der Beziehung zum Anderen.

In dem »Wir-sind-intim« sieht man das Auftauchen des »Wir«, das eine Gemeinsamkeit zum Ausdruck bringt, in der das »Ich« und das »Du« nicht mehr getrennt sind. Das macht Schluss mit dem banalen Thema von »ich liebe dich, aber du liebst mich nicht«, auf dem so zahlreiche romanhafte Handlungsabläufe beruhen. Hingegen ist *das Intime* dermaßen zwischen uns aufgeteilt, dass wir gar nicht mehr wissen, wem von beiden es geschuldet ist. So tiefgreifend ist die Teilung …

Nun war dies nur im Rahmen des Christentums möglich. Erinnern Sie sich an den berühmten Satz des Heiligen Augustin: Gott *interior intimo meo* (Gott ist noch innerlicher als mein Innerstes). Augustin konstruiert somit einen Komparativ des Superlativs. Da sieht man, wie ein großartiger Rhetor wie Augustin die Ressourcen der Sprache benutzen kann, um sie an ihre Grenzen zu bringen. Kurzum, Augustin sagt uns: Wenn ich zutiefst in meinem Inneren schürfe, dann taucht die Gestalt des Anderen auf. In seiner Radikalität ist dieser Gedanke äußerst bereichernd, denn er öffnet zu einem Unendlichen, Unerhörten in der Beziehung zu dem Anderen.

Bedenken wir nun, wie die Idee der »Beziehung zum Anderen« uns an den Rand des Widerspruchs führt: Sobald der andere in Beziehung tritt, ist er nicht mehr »der Andere« *als anderer*; er ist auf mich bezogen. Dieser Widerspruch ist fruchtbar, existentiell im eigentlichen Sinn, da er den Abstand [l'écart] zwischen »der Beziehung« und »der Begegnung« deutlich macht. Wenn sich eine Begegnung zu verfestigen beginnt, wird es eine Beziehung: der Andere ist dann nicht mehr anders; er hat sich von mir assimilieren lassen, er gerät in meine Perspektive. Die *Begegnung* ist dann unter der *Beziehung* vergraben, hat sich in sie verflüchtigt. Die guten Romane haben das zu analysieren gewusst: Wenn sich die Begegnung zu einer Beziehung verfestigt, geht die Andersheit verloren.

Man müsste im Gegenteil die Beziehung als eine *kontinuierliche Begegnung* denken, so wie Descartes von einer andauernden Schöpfung Gottes spricht. Wie begegnet man zunächst dem Anderen mit dem, was die Begegnung mit »gegen« meint, d.h. mit noch nicht Assimiliertem. Denn die Begegnung meint nicht *»nice to meet you«:* In der Begegnung ist immer schon das Unvorhersehbare dabei. Selbst wenn Sie sie gut vorbereiten, wissen Sie nie, welche Wendung sie nehmen könnte, denn sie hängt ebenso vom Anderen ab. Ich bin nicht Herr der Begegnung. Es gibt ein Aufeinanderprallen, ein »Gegen«, das sich nicht von vornherein integrieren lässt. Und deshalb bleibt in einer Begegnung der Andere anders. Das der Begegnung Eigene ist, dass man dabei von dem Anderen *aus den Angeln gehoben wird.* Vielleicht hat die klassische Philosophie die Begegnung deshalb nicht gedacht, weil sie vor allem die Autonomie des Subjekts gedacht hat, die von einer Begegnung überholt wird. Nun bestehen aber unsere Leben aus Begegnungen …

Wie sollte man also das Intime denken, in dem der Andere »noch innerer« ist als das eigene Innerste? Eine Spur findet sich bereits im Johannesevangelium (14,11), wo es heißt: »Ich bin im Vater und der Vater ist in mir« (»ich bin in euch und ihr seid in mir«). Aber was soll das heißen: *im Anderen* sein? Wir sind unter einer bestimmten Bedingung mit jemand anderem intim: Wenn wir ihn den Kräfteverhältnissen, die die Welt ausmachen, entziehen und keine Vorstellungen mehr auf ihn projizieren, d.h. wenn wir beginnen, uns *ohne* uns, *außerhalb* von uns *im* Anderen zu befinden.

Ein Indiz dieser Intimität, von der wir alle eine Erfahrung haben: Wenn wir mit dem Anderen zusammen sein können, ohne zu reden, und davon nicht gestört zu sein. Man muss nicht mehr die Konversation aufrecht erhalten, man ist darüber hinweg …

Außerdem macht das Intime jeglichen Dualismus zunichte, das macht auch seine Tiefgründigkeit aus. So zunächst den Dualismus von sinnlich und spirituell. Denn das Intime evoziert nicht nur das Tiefste des Sexuellen: die intime »Penetration«. Es öffnet ebenso die unendliche Dimension der Erfahrung – was mit gutem Recht der Terminus *spirituell*, ganz losgelöst vom Religiösen, besagt: wie wenn man die Hand eines Kranken an einem Spitalsbett hält.

Zusammenfassend könnte man sagen: Die Liebe ist *äquivok* und das Intime *ambigue*. Denken heißt so viel wie das Äquivoke zu vertreiben und das Ambigue zu erforschen.

Äquivok ist es, wenn ich die Unterscheidung, die ich machen sollte, nicht mit den Worten mache, die ich gebrauche. Ambigue ist, wenn ich, ganz im Gegenteil, durch die Worte gezwungen bin, eine Unterscheidung zu machen, die die Realität nicht macht. Das Intime ist ambigue, weil es den Gegensatz von sexuell und spirituell, von Sinnlichkeit und Geistigem zunichtemacht.

Nicolas Truong – Die Ansicht, dass ein Paar sich notwendigerweise langweilt, wenn es sich während des gemeinsamen Essens nichts zu sagen hat, interpretieren Sie gerade umgekehrt. Sie sagen, Intimität bedeute, auch Augenblicke der Stille miteinander zu teilen, einfach mit dem Anderen zu sein.

François Jullien – Nun, die berühmte Erklärung: »Ich bin verliebt« ist immer ein wenig theatral. Wenn man sagt »ich bin verliebt«, schwingt immer eine Pose mit … Was das Intime anlangt, so gilt ihm Wort und Stille gleichviel. Wenn man mit jemandem spricht, mit dem man intim ist, sagt man Nichtigkeiten wie »Heute ist's schön« usw. Aber diese Nichtigkeiten sind keine Kommunikation, sind keine Darlegungen, sie sind Faktoren oder Vektoren des Intimen; sie lassen nur *das Intime passieren.* Ebenso wie dieses intime Gerede »nichts« sagt, so lässt die Stille *das Intime geschehen.*

Denn das Intime ist keine Verschmelzung, in ihm bleibt ein *Abstand* erhalten, in dem sich das *Zwischen* des Teilens öffnet. Es ist dieser Abstand, der die Begegnung aufrecht erhält und der verhindert, dass sie in eine Beziehung versinkt, die nur noch Assimilierung ist. Denn im Abstand bleibt der Andere im Blick [en regard]. »Regard« verweist im Französischen auf »égard«, Rücksicht: auf einen Anderen Rücksicht nehmen; das erhält das Intime auch in seiner Spannung und verhindert, dass es in allzu große Vertrautheit absackt – die keinesfalls das Intime ist ... Alles Leben zu zweit hängt davon ab: Man sollte den *Abstand* der Begegnung erhalten, damit diese sich nicht als Beziehung verfestigt, nicht in eine solche umschlägt, in der der andere nur noch assimiliert wird.

Nicolas Truong - Aber das Intime ist nicht notwendigerweise Verliebtheit; kann es nicht eine berufliche, freundschaftliche oder intellektuelle Intimität geben?

François Jullien – Ich habe lange Zeit nach einem Term gesucht, der dasselbe Gewicht hat wie »Kenntnis/Bekanntschaft« [connaissance], um dieses stille Einvernehmen zu beschreiben, und ich schlage vor, es *Konnivenz*, heimliches Einverständnis zu nennen. Die Konnivenz versteht sich in einer Logik der Immanenz, wie ein Einvernehmen, das in einer Beziehung und ihrer Entfaltung während einer Dauer impliziert ist. Aber ich würde nicht von einer beruflichen, freundschaftlichen oder intellektuellen Intimität sprechen, sondern eher von einem Vertrauen.

Aber auch da kann man sich fragen, ob man das Vertrauen richtig denkt. Denn wenn Sie mir sagen: »Vertrauen Sie mir!«, so ist das absurd. Ich habe Ihnen kein Vertrauen zu schenken, Vertrauen lässt sich auch nicht einfordern. Vertrauen stellt sich von selber ein, im Laufe der Frequentierung. Und wenn wir einander vertrauen, so brauchen wir es nicht zu sagen. Es zu sagen hieße, dass das Misstrauen bereits begonnen hat sich einzustellen.

*

Nicolas Truong - Sie haben die Idee von einem dem ersten Leben entwachsenden, zweiten Leben [seconde vie] entwickelt, das es dem Individuum erlaube, seine Fähigkeit zu existieren weiter zu entfalten, vorausgesetzt, es beweist die nötige Hellsichtigkeit [lucidité]. Eine Möglichkeit, die sich ihm anbietet, in der Art eines Übergangs und nicht eines Bruches vom ersten zum zweiten Leben. Was verstehen Sie genau unter einem zweiten, weiteren Leben oder einer zweiten, weiteren Liebe?

François Jullien – Das »seconde« ist nicht das »deuxième«, im Französischen gibt es diese Unterscheidung. »Second« ist das, was »folgt«, ein »weiteres« Leben. Das ist nicht so spektakulär wie der Anbeginn, aber vielleicht interessant zu denken. Denn was folgt, ist nicht neu, aber es bringt das, was mit dem ersten begonnen wurde, weiter. Ich denke nicht, dass man ein neues Leben hat, in dem Sinn, dass sich alles ändert. Aber etwas verschiebt sich, löst sich inmitten unseres Lebens ab, rückt andere

Ressourcen, die man vorher gar nicht vermutet hat, ins Blickfeld. Die kann man nutzbringend anwenden oder auch nicht. Das, was im Leben in Form eines Übergangs, einer »stillen Verwandlung« auf immanente Art im Sinne neuer Möglichkeiten daherkommt, kann man entschieden weiter verfolgen *oder* daran vorbeigehen, die Chance, die aufgetauchten Ressourcen auszubeuten, verpassen.

Nun hat man wohl eine zu einfache Vorstellung von der Liebe, die mit der Leidenschaft beginnt, dem großen Feuer, das aber eines Tages abkühlt. Das ist zwar eine handliche Dramatisierung, aber ein wenig dumm. Nach einem Aufflammen der Leidenschaft folgt nicht notwendigerweise, fatalerweise, das Zusammenfallen in Glut und schließlich Asche: Es kann noch ein »weiteres Leben« [*seconde vie*] der Begegnung geben, wenn man sich nicht mit einer Beziehung zufrieden gibt und zwar gerade durch die Entdeckung des *Intimen*. Das »Intime« ist die Bezeichnung für die zweite, weitere Liebe: das Aufkommen einer Dimension des Unendlichen in der Beziehung zum Anderen.

Im Laufe des Lebens erfolgt tatsächlich dieser diskrete Wandel, der eine erneute Begegnung mit dem Anderen erlaubt. Eine zweite, weitere Liebe ist, nach oder selbst während des verliebten Entflammens, mit der die Begegnung ihren Anfang nahm, die Entdeckung dieser unendlichen Dimension des Intimen. Ihre Intensität ist gar nicht geringer, ist es doch eine Unermesslichkeit, die sich zeigt, eine Öffnung zum Unerhörten.

Es handelt sich dabei um eine *Reprise*, eine Wiederaufnahme und nicht um eine *Wiederholung*. Im Theater ist eine Wiederaufnahme auch keine Wiederholung. Nun stellt sich jeden Morgen aufs Neue die Frage: Werde ich mein Leben wiederholen oder wiederaufnehmen – es *wieder aufnehmen*, d.h. von dem bereits gelebten lösen, um es anderswie zu entfalten?

Die zweite, weitere [seconde] Liebe ist eine ebensolche *Reprise*; und diese Reprise kann in eine »Reform« münden. Die *Reform* wäre die Fähigkeit, im Laufe des Lebens das zu ermessen, was sich im Leben verschoben, losgelöst, dekantiert hat, wodurch eine neue Möglichkeit der Freiheit in Erscheinung tritt. Man beginnt somit durch Abrücken von oder besser durch De-Koinzidenz mit allen bisherigen Konditionierungen frei zu werden. Denn man wird zunächst erzogen und geformt, die Wahl von Beruf und Liebe leitet sich davon ab. Nur schrittweise zeichnet sich im Laufe des Lebens ein Beginn von konkreter Freiheit ab und zwar durch eine »Ablösung« von dem bisher Gelebten. Man beginnt zu rekapitulieren, zu vergleichen, sich zu engagieren bzw. sich zurückzuziehen, also wirklich zu entscheiden.

Nicolas Truong - Ist diese Entscheidung mit dem Begriff von Hellsichtigkeit [lucidité] verbunden?

François Jullien – Die Hellsichtigkeit [lucidité] ist nicht Intelligenz oder Wissen; sie ist eine »Helligkeit«, die von innen kommt. Man wählt keine Hellsichtigkeit, man *wird* durch die vielen Schwierigkeiten, denen man begegnet, hellsichtig. Von diesen kann man einen Vorteil ziehen oder auch nicht. Die Hellsichtigkeit ist der Vorteil, der uns durch das durchquerte Negative erwächst. Von hier aus kann ein zweites, weiteres Leben beginnen.

Nicolas Truong - Gibt es große Werke über das Intime, über diese zweite, weitere Liebe?

François Jullien – Es gibt davon nur wenige. Warum wohl? Weil im Intimen augenscheinlich nichts »Außerordentliches« passiert, da gibt es kein großes Ereignis: Im Intimen gibt es nichts Dramatisches zu erzählen. In seinen *Bekenntnissen* beginnt Rousseau die intime Anwesenheit [présence] in der Nähe von Madame de Warens zu denken. Die Anwesenheit ist das »Nahesein«; nur erschöpft sich die Anwesenheit nicht, wenn sie sich nicht als *intime* entfaltet.

Stendhal verstand es, eine Vorstellung vom Intimen (in der Provinz) zu evozieren, und das im Gegensatz zur verliebten Eroberung (in Paris). Stendhal hat das Intime beschrieben, aber nicht konzipiert. Das beweist sein *Von der Liebe*, wo das Intime nur gestreift wird.

Manchmal wird das Intime aber unter dem Titel der Liebe erahnt. Da denke ich an die Formulierung Adornos: »Du wirst nur geliebt, wenn du deine Schwäche zeigen kannst, ohne eine Reaktion der Stärke zu provozieren.« Rousseau und Stendhal sind in dieser Hinsicht bahnbrechend. Wenn der Roman (als Gattung) das Intime nicht behandeln kann, so deshalb, weil die zwei Liebenden nur eins wünschen: dass das Morgen genauso innig wird wie das heute; da braucht es keine weitere Handlung und der Roman hört auf. Deshalb macht Stendhal seinen Helden (Julien) um einen Kopf kürzer, verhaut den Schluss (*Die Kartause von Parma*) oder belässt ihn unvollendet (*Lucien Leuwen*).

Nicolas Truong - Kann man eine Politik oder Ethik der Liebe definieren? In welchem Sinn ist diese Liebe neu zu denken oder auszudenken?

François Jullien – Wenn die Liebe gedacht werden soll, dann in ihren starken Ausformulierungen. Wir haben zuvor von Platons *Gastmahl* gesprochen. Eine andere starke Formulierung von Liebe: die Liebe durch Selbstlosigkeit, dieses Über-sich-Hinausgehen zu einem Anderen, das es erlaubt, »im« Anderen zu sein (dies als eine *Ressource* des Christlichen). Ganz allgemein sollte man aus dem Intimen keine Formulierung leichtfüßiger Moral machen, sondern bedenken, was es in dem geteilten »Wir« an Radikalität in sich birgt. *Intus et in cute* ([ich habe dich] in dir und in der Haut [erkannt]) schreibt Rousseau herausstreichend in seinen *Bekenntnissen*.

Wenn ich von der Fähigkeit des Intimen spreche, so meine ich das »sich- außer-sich« im Anderen »Aufhalten« und gelange wieder zum eigentlichen Sinn von ex-istieren (vom Lateinischen *ex-sistere*). In diesem neuen ethischen, zu propagierenden Sinn bedeutet das nicht mehr, sich außerhalb des Göttlichen in der Welt aufhalten, wie es zunächst der ursprünglich theologischen Bedeutung entspräche, sondern sich außerhalb seiner selbst, also ohne sich, im Anderen aufhalten – und das braucht nicht »Gott« zu sein. Es braucht keinen »Gott« mehr wie bei Augustin, um eine Dimension des Unendlichen zu öffnen. *Im Anderen,* da verlässt man die sterile Abgeschlossenheit seiner selbst in sich und gelangt zur Fähigkeit zu *ex-istieren.*

Denn wesentlich für unsere Leben ist es, unsere Erfahrung nicht *auf das Empirische* zu reduzieren. Das heißt nicht, ins Mystische oder Spirituelle zu kippen, sondern sich in der konkreten Erfahrung dem Unendlichen öffnen, wozu uns das *Intime* einlädt.

EIN ZWEITES LEBEN IST MÖGLICH*

Nicolas Truong - Wenn man ein neues Leben beginnt, glaubt man, die Wahl seiner Existenz zu haben. In Wirklichkeit, so sagen Sie und so lehrt es die Erfahrung und die Soziologie, wird man erwählt. Warum also ist die Frage »Kann man sein Leben neu beginnen?« falsch gestellt?

François Jullien – Es gehört zu den Aufgaben der Philosophie, von allgemein gebräuchlichen Formulierungen auszugehen, um sie schrittweise zu korrigieren, indem sie diese reflektiert. Wenn es kein »neues Leben« durch einen plötzlichen Entschluss, eine Bekehrung (à la Saulus–Paulus) gibt, so deshalb, weil sich das Mögliche in unseren Leben unbemerkt entwickelt, diskret sich den Weg bahnt bis neue

---

* Titel in der französischen Ausgabe: » Nous pouvons tous vivre une seconde vie « (Wir können alle ein zweites, weiteres Leben leben; Anm. des Verlags).

Initiativen als Resultate auftauchen, *von denen man nicht wusste, dass sie möglich wären.* Das ist kein Bruch mit dem Vergangenen, sondern ein Übergang. Müsste man nicht auf den Gebrauch des zwar tröstlichen, aber nur pseudo-heroischen Ausdrucks von einem »neuen Leben« verzichten, das einen brutalen Schnitt suggeriert – denn woher sollte es kommen? Das Leben bricht nicht plötzlich mit sich selbst, aber es entfaltet sich durch zunehmende *Befreiung*. Eben das interessiert mich: dieses unmerkliche Abrücken, das nie dagewesene Möglichkeiten oder *Unerhörtes,* wie ich zu sagen vorziehe, zugänglich macht.

Nicolas Truong - Obschon die Schöne Literatur und die Philosophie voll Erzählungen von Zufällen oder Offenbarungen sind, die ein plötzliches Bewusstwerden auslösen, das unser Leben von heute auf morgen ändert ...

François Jullien – Sicher, sicher ... Aber im Fall des Sturzes Montaignes vom Pferd, zum

Beispiel, ist das Anlass gebende Element ein äußerliches. Was mich aber interessiert, ist, wie das Leben von sich aus, ohne dramatischen Zwischen- oder Unfall, ohne angebliches Ereignis erlaubt, dass neues Mögliches auftaucht. Wie diese Möglichkeit aus dem Leben selbst, quasi von innen her erwächst und bisher nicht vermutete Ressourcen zum Vorschein bringt.

Nicolas Truong - Ob nun aus poetischen Motiven oder für gewisse Menschen aus religiösen, ist dieses Leben nur eine Vorbereitung auf das nächste. Was machen Sie mit jenen, die denken, das wahre Leben wäre anderswo?

François Jullien – Wenn das »wahre Leben« fehlt, wie es Rimbaud so nachdrücklich gesagt hat, ist es deshalb gleich *anderswo*? Für die europäische Philosophie und die religiöse Tradition spielt die Option, dass das wahre Leben in ein Jenseits projiziert wird oder einfach »postuliert« wird (Kant), eine wichtige Rolle.

Der Platonismus hat diese Thematik dauerhaft unserem Denken implantiert, sogar aufgezwungen. Muss das Leben aber, um »wahr« zu sein, in der Ontologie oder Offenbarung verankert sein?

Es ist vielleicht ein bloßes Vorurteil, anzunehmen, man brauche eine auf dem Sein oder Gott beruhende Grundlage, um eine »Wahrheit« des Lebens zu begründen, und dass alles, was nicht eine derartige Grundlage hat, einer Stabilität entbehrt (Platon), nur ein Phantomgebilde sei. Da stellt sich die Frage, was zu tun ist, wenn man diese Krücke eines metaphysischen Bruchs, die das Wahre in ein Jenseits projiziert, nicht zu Hilfe nimmt. In unserer Moderne (nach Nietzsche) kann und soll diese Ressource des Wahren nur auf dieser Welt, der einzigen, beruhen. Wenn ich daher vom zweiten, weiteren Leben spreche, so stelle ich mich in einer schwerwiegenden Entscheidung der philosophischen und religiösen, metaphysischen und theologischen Tradition entgegen, die das Wahre auf dem Sein beruhend ansieht.

Nicolas Truong – Sie stellen eine Verbindung zwischen der Akzeptanz des Todes und dem Anfang eines zweiten, weiteren Lebens her. Wie dekantiert sich [se décante-t-elle], genau genommen, dieses zweite, weitere Leben vom ersten?

François Jullien – Wir wissen, dass sich die Gegenwart unendlich teilen lässt und sie, eingeklemmt zwischen Zukunft und Vergangenheit, keine Ausdehnung hat. Kann sie folglich eine Existenz haben? Das ist eine Frage, die von den Griechen, vor allem von Aristoteles, stammt und mit der man sich seither immer wieder auseinandergesetzt hat, speziell Augustinus. Man kann nur in der Gegenwart leben, aber wenn die Gegenwart keine Ausdehnung und daher keine Existenz hat…? Kann man dann wirklich *leben*? Augustinus antwortet auf zweierlei Art. Zum einen durch eine wesentliche Verschiebung: Er überträgt die Frage der »Zeit« ins Subjektive – die Zukunft ist das, was ich »erwarte«, die Vergangenheit das, woran ich mich »erinnere«, und die Gegenwart das, worauf ich »achte«. Aber ist das genug? Kann man dem Leben gegenüber *achtsam* sein? Das führt schließlich dazu, dass Augustinus das wahre Leben wiederum ins Jenseits verlegt.

Kann man nun dieser Gegenwart der Existenz eine Konsistenz geben, ohne dass der Glaube diese verschafft? Wäre das nicht etwa der Tod? Wäre das nicht etwa das, *wozu der Tod dient*? An den Tod denkt man zunächst als eine *experientia vaga* (eine »vage Erfahrung«), um Spinoza zu zitieren. Das betrifft die anderen, es ist ein »Vom-Hörensagen«. Und dann, mit zunehmendem Alter, nimmt der Tod, der zunächst abstrakt war, in *meinem* Horizont Gestalt an und stellt sozusagen einen Endpunkt in *meinem* Leben dar, lässt eine konsistente Gegenwart zwischen diesem

Moment meines Todes und dem gegenwärtigen Moment, in dem ich lebe, in Erscheinung treten. Nun hat man die Wahl, seinem Tod ins Angesicht zu schauen oder auch nicht. »Die Sonne leugnet den Tod…«. Aber ist es nicht eben diese Hellsichtigkeit den eigenen Tod betreffend, die einzig das Aufkommen einer tatsächlichen Gegenwart ermöglicht?

Nicolas Truong - Diese stille Verwandlung, wie hilft sie uns zu verstehen, dass es ein erstes Leben gegeben hat und es Zeit ist, ein zweites, weiteres [seconde] zu beginnen?

François Jullien – Dank der *Hellsichtigkeit,* wie ich es nennen würde. Die *Hellsichtigkeit* hat prozessualen Charakter, entsteht tatsächlich in einer *stillen Verwandlung,* erfordert demnach eine Abfolge, verdankt sich nicht nur dem Augenblick. Wie ich bereits sagte, ist die Hellsichtigkeit nicht ident mit Intelligenz oder Wissen, nicht einmal mit Scharfblick. Sie ist ein Licht, das schrittweise vom Inneren des

Lebens selbst herrührt. Man kommt nicht hellsichtig zur Welt, man wird es. Nun wollen alle intelligent oder scharfsinnig sein, aber wer will schon hellsichtig werden? Hellsichtigkeit ist die Fähigkeit, der bisherigen, oft negativen Erfahrung Rechnung zu tragen und das zu durchschauen, was man uns als Leben glaubhaft machen wollte, was aber im Laufe der Zeit unsere Erfahrung widerlegt hat.

Nicolas Truong - Dann ist also der Übergang vom ersten zum zweiten [seconde] Leben einer von der Illusion zur Wahrheit...

François Jullien – Wenn man ins Leben tritt, phantasiert man eine Zukunft, die man nicht kennt, ausgehend von den Meinungen anderer und dem, was man uns als »Glück« glaubhaft zu machen sucht. Man *projiziert sich,* was ehrgeizige Vorhaben, Liebe, Erfolg anlangt... Sich von diesen Projektionen zu lösen ist nicht notwendigerweise bedauerlich. Das ist es nicht, wenn man es akzeptiert und es eine gewisse, nicht abstrakte Intelligenz zur Folge hat, die aus dem Leben selbst resultiert. Eine Wahrheit *wird sichtbar,* die keiner Unterstützung durch Glaubensbekenntnisse oder Ideologien bedarf, sondern sich allmählich aus dem erlebten Negativen herauskristallisiert und das Tatsächliche des *Gelebten* zur Geltung bringt. Das führt uns dazu, unsere Konzeption von Wahrheit zu ändern. Die Wahrheit, von der die Philosophie handelt, ist eine dem Modell des mathematischen Vorgehens folgende, bewiesene, sofort einsichtige Wahrheit. Aber es existiert eine andere Art von Wahrheit: nicht eine bewiesene, sondern eine [in der Sprache des Weins: vom Bodensatz des Lebens][*] *dekantierte,* die alles bereits Durchlebte in sich trägt und zugunsten des Lebens nutzt. Das ist die Wahrheit der Romane, insbesondere der »Bildungsromane«.

---

* Anm. d. Übers.

Nicolas Truong - Das zweite, weitere [seconde] Leben kommt aus dem ersten hervor, unterscheidet sich aber von diesem. Welcher Konzeption von Liebe entstammt nun die zweite, weitere [seconde] Liebe?

François Jullien – Man sollte dieses Bild von der Liebe als ein wildes Entflammen, das zu Asche zerfällt, zerstören: die Liebe als Wille zu Eroberung und Besitzergreifung, die, einmal ans Ziel gelangt, sich in fataler Weise in Enttäuschung verwandelt. Nun gibt es aber eine Ressource, die man meist nicht bemerkt. Denn sie ist schwierig zu beschreiben: jene, die ich das »Intime« genannt habe.* Das Intime ist diskret und ohne Handlung. Nun ist es eben dies, was dieser *zweiten, weiteren* [seconde] Liebe Konsistenz verschafft.

---

* In »*Vom Intimen – fern der lärmenden Liebe*«. Aus dem Französischen von Erwin Landrichter, Turia + Kant, Wien-Berlin 2014, [2]2019.

Während das primäre Verlangen der Inbesitznahme nur einen selbst betrifft, den eigenen Ehrgeiz, so öffnet man sich im Tiefsten seiner selbst endlich der Fähigkeit, den Anderen als einen Anderen zu entdecken. Und nun erst lässt sich eine unendliche, im wahrsten Sinn des Wortes *un-erhörte* Zukunft ausnehmen, denn sie übersteigt den bereits gefestigten Rahmen unserer Erfahrung, und man erahnt nicht deren Ressource. Aus dieser erwächst das »Wir« des Intimen. Gibt es im Lichte des Todes, der gewiss kommt, eine andere Rettung als dieses »Zu-zweit-Leben«, das nur zu zweit *erahnt* werden kann und das vor der Einsamkeit der Subjekte – die man so sehr beklagt, wenn der Besitz verloren gegangen ist (Proust) – bewahrt?

Man verlässt die Besitznahme, die sich in Enttäuschung verkehrt. Sie ist es, die die europäische Kultur zutiefst geprägt hat, von Pascal bis Schopenhauer: Der leidenschaftlichen Eroberung folgt die Langeweile ihrer Befriedigung. Selbst im Paradies: Entweder sehne mich noch und verspüre daher einen Mangel oder ich sehne mich nicht mehr, aber dann mangelt es mir an Mangel … Das *Intime* entgeht aber diesem ideologischen Schraubstock und dieses *Zwischen* öffnet sich »zwischen [unter] uns«. Es ist nicht mehr dem Zwang dieser Alternative von Entbehrung *oder* Sättigung unterworfen, weder der eine noch der andere wird vom je anderen besessen oder getrennt, jedoch sind wir beide dem Anderen unendlich präsent. Das ist die »Gegenwart« [présence] des Intimen, die sich nicht erschöpft.

Nicolas Truong – Die westliche Philosophie denkt die Beziehung zwischen dem Sein und dem Anderen. Für Sie dagegen ist es dieses »Zwischen«, das dieses zweite, weitere Leben zu denken erlaubt …

François Jullien – In der Tat ist das »Zwischen« nichts *Seiendes*. Daher hat es keine Eigenschaft und lässt sich nicht bestimmen. Zugleich »ist«

es das, wo etwas passiert [im Sinne von durchzieht], wie das Intime zwischen uns passiert. Nun haben die Griechen zwar das Sein, aber, in der Folge, das *Zwischen* nicht gedacht. Und weil sie das Zwischen nicht gedacht haben, mussten sie das Jenseits, das *meta* der Metaphysik denken.

Die Fruchtbarkeit des *Zwischen* zu denken, dafür war mir das chinesische Denken hilfreich. Denn das Verb »sein« hat zwei Verwendungsmöglichkeiten: »Ich bin hier« und »ich bin«. Die eine ist prädikativ, die andere absolut, im existentiellen Sinn. *Sein oder Nichtsein…* Nun kann man im Chinesischen die Prädikation verwenden: »Ich bin müde«, »Ich bin in Avignon«, aber es gibt kein Verb »sein« im ontologischen Sinn. Dafür ermöglicht das chinesische Denken / Sprechen den Durchfluss, die Passage und die Zirkulation zu denken. Um die Welt zu bezeichnen, sagt es z. B. »zwischen Himmel und Erde«, *tian di zhi jian*. Wenn das *Sein* der Ort der Bezeichnung und Definition ist, so ist das *Zwischen* der Weg der Passage und der Beziehung. Die Passage ist allerdings ohne Ende …

Nicolas Truong - Aber das Leben hat ein Ende … Ist dieses zweite, weitere Leben nicht irgendwie mit dem Alter verbunden?

François Jullien – Aber wann beginnt man, alt zu werden? Da gibt es keinen Einschnitt. Auch da muss man an eine Art des Übergangs denken: Es gibt ein Altern, aber kein Altsein. Altern ist prozessual, das Alter ist ein Zustand. Deshalb hat das griechische Denken nur das Alter, aber nicht das Altern, wie es geschieht, gedacht. Doch es gibt sehr wohl etwas, das mit dem Alter »daherkommt«, d.h. etwas, das eine Dauer, eine Abfolge braucht und etwas, das, zuvor nicht vermutet, auftaucht. Je älter man wird, desto mehr beginnt man, endlich zu leben.

Nicolas Truong – Dank des Fortschritts der Medizin wird das Leben immer länger und die Möglichkeit eines zweiten, weiteren Lebens wird viel wahrscheinlicher…

François Jullien – Das ist tatsächlich eine Chance unseres Zeitalters und das gewährt uns viel mehr Möglichkeiten, initiativ zu werden. Aber wenn man das Berufsleben als Beispiel nimmt, so lässt sich sagen, es genügt nicht, den Beruf zu wechseln, um ein zweites, weiteres Leben zu beginnen, denn man kann sein vorangegangenes Leben bloß wiederholen. Es bietet allerdings die Gelegenheit, aus den vergangenen Erfahrungen zu lernen und sich anderswie ins Leben zu stürzen: es wieder aufnehmen, aber nicht wiederholen. Der Terminus »Reprise«, Wiederaufnahme, ist ein ethischer. Unser Leben ist eine kontinuierliche Anstrengung der Wiederaufnahme.

Nicolas Truong – Kann man sein zweites, weiteres Leben verfehlen?

François Jullien – Nein. Die Frage ist keine nach Erfolg oder Misserfolg, sondern nach dem, was tatsächlich eintritt. Sei es, man nimmt sein Leben wieder auf, aber »reformiert« es, oder man man lässt diese Gelegenheit vorbeigehen. Dann hat man diese Ressource eines zweiten, weiteren Lebens verpasst.

Bibliografische Information der Deutschen
Nationalbibliothek
Die Deutsche Bibliothek verzeichnet diese
Publikation in der Deutschen Nationalbibliografie;
detaillierte bibliografische
Daten sind im Internet über http://dnb.ddb.de abrufbar.

Bibliographic Information published by
Die Deutsche Nationalbibliothek
The Deutsche Bibliothek lists this publication in the
Deutsche Nationalbibliografie; detailed bibliographic
data is available in the internet at
http://dnb.ddb.de.

ISBN 978-3-85132-984-1

Originaltitel: »Pourquoi il ne faut plus dire ›je t'aime‹«

http://www.editionsdelaube.com

VERLAG TURIA + KANT
A-1010 Wien, Schottengasse 3A/5/DG1
Büro Berlin: D-10827 Berlin, Crellestraße 14
info@turia.at | www.turia.at